Bibliografische Information der Deutschen Nationalbibliothek:

Die Deutsche Bibliothek verzeichnet diese Publikation in der Deutschen National-bibliografie; detaillierte bibliografische Daten sind im Internet über http://dnb.d-nb.de/ abrufbar.

Impressum:

Copyright © 2019 GRIN Verlag
Druck und Bindung: Books on Demand GmbH, Norderstedt Germany
ISBN: 9783346248688

Dieses Buch bei GRIN:

https://www.grin.com/document/542013

Saifeddine Bargui

Microservices Architektur. Definition, Chancen und Risiken

GRIN Verlag

GRIN - Your knowledge has value

Der GRIN Verlag publiziert seit 1998 wissenschaftliche Arbeiten von Studenten, Hochschullehrern und anderen Akademikern als eBook und gedrucktes Buch. Die Verlagswebsite www.grin.com ist die ideale Plattform zur Veröffentlichung von Hausarbeiten, Abschlussarbeiten, wissenschaftlichen Aufsätzen, Dissertationen und Fachbüchern.

Besuchen Sie uns im Internet:

http://www.grin.com/

http://www.facebook.com/grincom

http://www.twitter.com/grin_com

FOM Hochschule für Oekonomie & Management

Fachbereich IT Management

IT ARCHITEKTUR

Microservices Architektur
Chancen und Risiken

Vorgelegt von:

Saifeddine Bargui

Sommersemester 2019

Inhaltsverzeichnis

Abbildungsverzeichnis

Motivation

Beim sogenannten monolithischen Architekturmuster handelt es sich um eins von aktuell zwei vorherrschenden Architekturmustern, das das traditionelle Vorgehen für die Softwareentwicklung darstellt.

Dabei sind alle Bestandteile eines monolithischen Systems miteinander verbunden und tauschen sich mit derselben zentralen Datenbank (eine JAR/WAR Datei für das gesamte System) aus. Wichtigster Vorteil eines monolithischen Systems ist die Geschwindigkeit der Kommunikation zwischen den Komponenten bedingt dadurch, dass die verschiedenen Komponenten durch Funktionsaufrufe miteinander kommunizieren. Diese Art der Kommunikation stellt einen der Hauptunterschiede zwischen dem monolithischen Architekturmuster und dem Microservices-Architekturmuster dar.

Alle Komponenten eines monolithischen Systems müssen in derselben Programmiersprache geschrieben werden, da selbt die kleinste Änderung einer einzigen Komponente Fehler bei mehreren anderen Komponenten zur Folge haben kann. Sudhir Tonse von Netflix hat (bei AWS re:Invent 2014) ein Beispiel dafür gegeben, dass ein fehlendes Semikolon in 2008 die ganze Netflix-Webseite für mehrere Stunden ausfallen ließ. [1]

Aufgrund der Tatsache, dass bei monolithischen Systemen die Komponenten sowohl unterschiedliche Ressourcen als auch unterschiedliches Verhalten haben, sollte der Systemadmin im Bedarfsfall eine Komponente skalieren können (für den Fall, dass eine Komponente durch eine große Menge von Anfragen belastet ist). Diese Möglichkeit ist jedoch bei den monolithischen Systemen nicht gegeben.

Im Gegensatz dazu wird beim Microservices-Architekturmuster das System auf mehrere Services (nach Fachlichkeit) verteilt, die miteinander kommunizieren können, wobei jeder Service bestimmte Funktionalitäten aufweist, entsprechend dem Prinzip von der objektorientierten Entwicklung „Single Responsibility".

Es ist möglich die Services in verschiedenen Programmiersprachen zu entwickeln, die dann miteinander asynchron (AMQP: Advanded Messaging Queuing Protocol) oder synchron (HTTP/REST) durch eine API kommunizieren können. Die Services können auf

---

[1] https://www.youtube.com/watch?v=CriDUYtfrjs&feature=youtu.be&t=528

mehreren Rechenzentren deployt werden und auch einzeln skaliert werden. Durch das Einsetzen von einem API-Gateway erhält der Client ein „Single point of entry" (der Client spricht nur das Gateway an) und das Gateway übernimmt die Weiterleitung der Anfragen zu den jeweiligen Microservices (Load Balancing).

Kapitel 1

Einleitung

Das wichtigste Konzept in der Softwareentwicklung bildet die System-Architektur. Die Auswahl der entsprechenden Architektur für eine Software ist daher von immenser Wichtigkeit und soll hinsichtlich des Architekturmusters nach bestimmten Kriterien entschieden werden. Sofern nicht das passende Architekturmuster für ein Problem ausgewählt wurde, kann dies später enorme Kosten verursachen, insbesondere wenn sich das System in einer fortgeschrittenen Entwicklungsphase befindet.

Die hiesige Ausarbeitung befasst sich mit einem neuen Architekturmuster und zwar dem Microservices-Architekturmuster. Tatsächlich ist das Microservices-Architekturmuster auf dem aktuellen Markt nicht sehr weit verbreitet und stellt daher für viele ein fremdes Architekturmuster dar. Dennoch kommt es bei vielen großen Firmen wie *Netflix*, *Amazon*, *Microsoft* bereits zur Anwendung. Das Microservices-Architekturmuster beinhaltet viele neue Aspekte beim Software-Design, die eine deutliche Verbesserung der Softwarequalität mit sich bringen.

Insbesondere bietet die Microservices-Architektur eine Lösung für viele Probleme, die aus anderen Architekturmustern stammen. Das monolithische Architekturmuster stellt zurzeit das bekannteste und am häufigsten gebrauchte Architekturmuster dar. Diese Art der Architektur ist jedoch für viele Enterprise-Anwendungen nicht mehr passend, weshalb andere Lösungen her müssen. Diese Ausarbeitung befasst sich mit den Nachteilen bzw. Problemen der monolithischen Architektur und erklärt wie die Microservices-Architektur damit umgeht bzw. diese Probleme löst. Dabei werden diverse Basispunkte des Microservices-Architekturmusters erklärt, wobei nicht alle Aspekte der Microservices-Architektur erläutert werden sondern nur die wichtigsten.

Viele sind der Ansicht bei der Microservices-Architektur handele es sich um eine SOA (Serviceorientierte-Architektur). Ob diese Ansicht korrekt ist (Microservices-Architektur gleich SOA), werden wir in dieser Ausarbeitung durch einen Vergleich der Serviceorientierten-Architektur mit der Microservices-Architektur herausfinden.

Das erste Kapitel widmet sich der Definiton des Microservices-Architekturmusters. In diesem Rahmen werden wir die Vor- und Nachteile sowie die wichtigsten Eigenschaften dieses Architekturmusters erläutern. Im zweiten Kapitel werden wir die Serviceorientierte-Architektur definieren und darauf aufbauend sie mit der Microservices-Architektur vergleichen. Kapitel drei wird das Prinzip von Domain Driven Design definieren und seine wichtigsten Aspekten erklären. Im vierten Kapitel wird die Kommunikation bei einer Microservices-Architektur mit ihren beiden Arten: synchron und asynchron vorgestellt. Abschließend werden wir eine Musterarchitektur beschreiben, dabei die wichtigsten Aspekte erwähnen und erklären, die beim Designen eines Microservices-Systems berücksichtigen werden müssen.

Kapitel 2

Definition des Microservices-Architekturmusters

2.1 Einleitung

Der Begriff „Microservices-Architektur" beschreibt ein Architekturmuster, das darauf aufbaut ein System in voneinander unabhängige Services aufzuteilen. Dabei läuft jeder Service als eigenständiger Prozess. Die Trennung der Services erfolgt nach Fachlichkeit.

Dabei sollen die verschiedenen Services nicht zu groß sein und sie kommunizieren miteinander meistens über HTTP (APIs). Die Services werden einzeln und völlig unabhängig voneinander deployt, daher haben sie keinen Einfluss aufeinander mit der Folge, dass wenn ein Service modifiziert wird, die anderen Services von den neuen Änderungen nicht berührt werden. Des Weiteren können die Microservices in verschiedenen Programmiersprachen entwickelt werden.

Zur Verdeutlichung der Eigenschaften der Microservices-Architektur wird hier das Microservices-Architekturmuster mit dem monolithischen Architekturmuster verglichen. Enterprise-Applications werden überwiegend nach dem MVC-Designpattern gebaut.

Die Systeme bestehen daher aus drei Teilen: ein Client, der die View darstellt (HTML und JavaScript bei Webanwendungen), eine Datenbank (eine zentrale Datenbank mit einem einzigen Datenbank-Schema) sowie eine serverseitige Anwendung. Der Client-UI schickt die Anfragen, die von der Anwendung verwaltet werden. Basie-rend auf diesen Anfragen werden CRUD-Funktionen auf der Datenbank oder Rechnungen ausgeführt oder ein HTML-View zum Browser geschickt.

Die Anwendung ist monolithisch und wird als eine einzige zentrale Komponente gebaut, gebildet und deployt. Wird auch nur eine kleine Komponente von diesem System geändert, muss das gesamte System neudeployt werden und diese Instanz ist währenddessen nicht erreichbar. Dieser Ansatz ist der auf dem Markt am bekanntesten und am meisten verbreitete: View, Model und Controller als ein einziger Prozess. Bei einer monolithischen Architektur erfolgt die Kommunikation durch Funktionsaufrufe, wobei das System nach jeder Änderung getestet werden muss, um sicherzustellen, dass keine Komponente beschädigt wurde. [1, 2].

Wird eine Komponente des monolithischen Systems häufig angefragt bzw. belastet, muss das gesamte System skaliert werden, damit es nicht zum kompletten Ausfall kommt (nur die belastete Komponente zu skalieren ist nicht möglich). Von dem monolithischen System können mehrere Instanzen auf verschiedenen HOSTs gestartet werden, die hinter einem Load-Balancer laufen. Die Anfragen werden dementsprechend zu der am wenigsten belasteten Instanz weitergeleitet. Da das System immer als eine einzige Komponente ska-liert wird, hat ein kleiner syntaktischer Fehler oder ein ähnlicher Fehler auf dem Server zur Folge, dass die ganze Applikation ausfällt und das System nicht mehr zu erreichen ist.

Das monolithische Modell ist auf dem aktuellen Markt sehr verbreitet, hat aber viele Nachteile. Aufgrund dieser Nachteile, sind viele Firmen auf der Suche nach Alternativen zur monolithischen Architektur.

Eine Alternative bietet die Microservices-Architektur. Durch ihren modularen Aufbau ist sie in der Lage, die genannten Nachteile der monolithischen Architektur zu vermeiden bzw. zu lösen. Da es in einer Microservices-Architektur möglich ist nur die Komponenten zu skalieren, die besonders belastet sind. Der Load-Balancer übernimmt die Aufgabe, die Anfragen gleichmässig zu verteilen.

2.2   Vorteile und Nachteile

„*Begin with a monolith*": Alle Systeme beginnen monolithisch und sobald die
monolithische Architektur nicht mehr passt, sollte man zur Microservices-Architektur
switchen. Die Microservices-Architektur ist jedoch auch nicht frei von Nachteilen bzw.
bringt ebenfalls Probleme mit sich [1].

2.2.1   Vorteile

In diesem Teil werden nicht alle Vorteile genannt, sondern die wichtigsten davon [2].

Heterogenität der Technologien

Bei einem System, das aus mehreren kollaborierenden Services besteht, kann man in
den einzelnen Services je nach Bedarf unterschiedliche Technologien einsetzen. Dadurch
sind die Architekten sehr flexibel darin die entsprechenden Technologien zu jedem Task
zu wählen.

Die einzelnen Microservices können in verschiedenen Programmiersprachen entwickelt
werden, wobei jeder Microservice eine eigene Datenbank hat (wenn er eine braucht). Die
Datenbanken können auch unterschiedlich sein (GraphDB: Neo4J, DokumentenDB: Mon-
goDB, etc.). Weil die Microservices total voneinander unabhängig sind, ist die Integration
bzw. das Ausprobieren neuer Technologien einfach, da das Risiko sehr niedrig ist, dass
andere Microservices von den Änderungen beschädigt werden. Man soll aber natürlich bei
der Anzahl der Technologien nicht übertreiben.

Belastbarkeit

„*Bounded context*": Dies ist ein sehr wichtiger Aspekt in der Microservices-Architektur
und darauf werden wir im folgenden Kapitel noch genauer eingehen. Die Unabhängig-
keit und das Abschotten der Microservices spielen eine wesentliche Rolle, wenn man
ein stabiles System und eine hohe Belastbarkeit gewährleisten will. Beim Microservices-
Architekturmuster kann es sein, dass einer der Microservices ausfällt. Das System soll
aber immer lauffähig sein. Die Ursachen und die Fehler, die zu diesem Ausfall geführt
haben, kann man ganz schnell und einfach beheben, da die Microservices nicht zu groß
sind. Das ist aber nicht der Fall bei den monolithischen Systemen. Dabei führt ein Fehler
zum Ausfall des ganzen Systems. Um das System wieder lauffähig zu bekommen, muss
man den Fehler beheben und das System neu deployen. Das ist aber kompliziert bei einem
großen monolithischen System.

Skalierbarkeit

Wenn eine Komponente von einem monolithischen System hoch belastet ist, muss der Systemadministrator das ganze System skalieren, weil es nicht möglich ist, nur die belastete Komponente zu skalieren. Je größer die Anwendung ist, desto länger dauert das Deployment und das Builden des Systems. Dieses Problem wurde durch die Microservices-Architektur gelöst, so dass man nur die belastete Komponente skaliert. Da die Services nicht zu groß sein sollen, ist das Skalieren einfach und schnell. Die Services können jedoch auf verschiedenen Maschinen deployt werden.

Technologische Vielfalt

Bei jedem Mikroservice handelt es sich um eine unabhängig einsetzbare Einheit, daher besteht innerhalb dieser Einheit eine große Auswahl hinsichtlich der Technologie bzw. Frameworks. Microservices können in verschiedenen Sprachen geschrieben werden z.b. in Java, C-Sharp sowie Javascript. Sie verwenden verschiedene Bibliotheken und verschiedene Datenspeicher. Daher ist es den Teams möglich, ein geeignetes Werkzeug für den Job auszuwählen, da einige Sprachen und Bibliotheken für bestimmte Arten von Problemen besser geeignet sind, wodurch das Team effizienter arbeiten kann.[3]

2.2.2 Nachteile

Die Komplexität

Den größten Nachteil einer Microservices-Architektur bildet deren erhöhte Komplexität im Vergleich zu einer monolithischen Anwendung, welche in direktem Zusammenhang mit der Anzahl der beteiligten Dienste steht. Diese Art von Architektur verfügt über viel mehr bewegliche Teile als gewöhnliche Anwendungen, was einen enormen Aufwand, sorgfältige Planung und vor allem Automatisierung zur Folge hat, damit die Kommunikation zwischen den Diensten, Überwachung, Test und Bereitstellung bewältigt werden können. Gründe für die erhöhte Komplexität sind folgende:

- vorhandene Tools sind nicht für die Arbeit mit Serviceabhängigkeiten ausgelegt;

- die Zunahme von Sprache und Frameworks kann dazu führen, dass die Anwendung schwer zu pflegen ist;

- da jeder Service seine eigene Datenbank hat, können Transaktionsmanagement und Datenkonsistenz zu einem enormen Aufwand werden;

- jeder Service muss getestet und überwacht werden, der Bedarf an Automatisierung steigt;

- das anfängliche Refactoring einer monolithischen Anwendung kann für große Unternehmensanwendungen äußerst komplex sein;

- die Anzahl der Prozesse kann exponentiell wachsen, wenn man die Lastverteilung und die Messaging-Middleware berücksichtigt;

- erhöhte Dokumentationskosten, da das Unternehmen Schemata und Schnittstellendokumente auf dem neuesten Stand halten muss;

- es gibt zahlreiche Microservice-Muster, die bestimmen müssen, welches die beste Lösung für Ihre Anwendung ist. [4]

Die Kommunikation

Zweiten großen Nachteil bildet die Kommunikation, weil diese durch HTTP geschieht kann der Austauch der Daten zwischen den Microservices je nachdem, ob die Datenmenge zu groß oder der angesprochene Service hoch belastet ist, entsprechend verlangsamt sein. Des Weiteren kann es auch gelegentlich dazu kommen, dass der angesprochene Service down ist, weswegen es auch notwendig ist *monitoring tools* einzusetzen, um die Verfügbarkeit und die Erreichbarkeit der Services zu prüfen, damit man die Ausfälle verwalten kann.[4]

Mikroservices erfordern kulturelle Veränderungen

Eine Mikrodienstleistungsinitiative erfordert ein Umdenken in den Unternehmen, die sie einsetzen wollen. Erforderlich ist eine ausgereifte, agile und DevOps-Kultur. Mit einer mikroservice-basierten Anwendung müssen Teams fähig sein, den gesamten Lebenszyklus eines Dienstes zu verwalten. Dies erfordert oft die Migration von Kompetenzen und Entscheidungen von Managern und Architekten in einzelne Teams. Diese Änderung der Hierarchie kann für einige Personen innerhalb des Unternehmens problematisch werden. Ein wichtiger erster Schritt ist es daher sicherzustellen, dass sich erfahrene Mitglieder und das obere Management rechtzeitig in die Initiative eingebracht haben. Schließlich kann die Kommunikation zwischen Einzelpersonen und Teams erschwert werden, da Teams nicht immer den Überblick über das Gesamtbild haben und wissen, wie einzelne Services miteinander arbeiten müssen, um eine benutzerfreundliche Anwendung zu erstellen.[4]

Ein Unternehmen muss auch überprüfen, ob seine Mitarbeiter über die nötigen Fähigkeiten und Erfahrungen verfügen, die erforderlich sind, um eine mikroservice-basierte Anwendung zu übernehmen. Da ein Team für einen einzelnen Dienst verantwortlich sein kann, müssen Entwickler über Kenntnisse in der Entwicklung, Bereitstellung, dem Testen und der Überwachung einer Anwendung verfügen. Es wird auch eine Anforderung sein sicherzustellen, dass sie DevOps und Release-Fähigkeiten als Komponente für jedes Team haben.[4]

Kosten

Zu den weiteren Nachteilen der Microservices-Architektur gehören die damit verbundenen steigenden Kosten. Da die Dienste miteinander kommunizieren müssen, führt dies zu vielen Remote-Aufrufen, was wiederum zu höheren Kosten für Netzwerklatenz und -verarbeitung als bei herkömmlichen Architekturen führt. Die Entwickler werden ihr Bestes tun wollen, um die Anzahl der Aufrufe zu reduzieren. Einen weiteren Kostentreiber stellt der höhere Ressourcenbedarf dar, da jeder Dienst seine eigene Laufzeitumgebung und CPU benötigt. Diese Anforderung ist notwendig, um jede Instanz isoliert zu halten. Da jeder Dienst seinen eigenen Sprach- und Technologiestapel verwendet, können diese Ungleichheiten im Anwendungsdesign und in der Architektur die Gesamtressourcen, die das Unternehmen für Management und Wartung aufwendet erhöhen.[4]

Sicherheit

Im Vergleich zu einer monolithischen Anwendung stellen Mikroservices aufgrund der zunehmenden Inter-Service-Kommunikation über das Netzwerk enorme Sicherheitsherausforderungen dar. Durch diese Interaktionen erhöht sich das Risiko eines Zugriffs externer Einheiten zum System. [4]

2.3   Die wichtigsten Eigenschaften

Damit man von den oben genannten Vorteilen profitieren kann, müssen die Services bestimmte Eigenschaften haben. Hier werden die wichtigsten Eigenschaften erwähnt [2, 5].

2.3.1   Lose Kopplung

Dieser Aspekt wurde in dieser Arbeit mehrmals erwähnt. Eine Änderung an einem Microservice soll keine Änderung an einem der anderen Services nach sich ziehen. Der Sinn dabei ist, Änderungen an einem Microservice zu erlauben und ihn wieder deployen zu können, ohne dass andere Teile des Systems geändert werden müssen. Und wenn die Änderungen zum Ausfall des geänderten Services führen, hat das keine Auswirkungen auf die anderen Services und das System läuft weiter ohne Probleme.

2.3.2   Hochgradige Geschlossenheit

Hier geht es darum, den Code, der von mehreren Microservices benutzt wird zusammenzuhalten. Der Grund dafür ist, dass, wenn wir das Verhalten ändern möchten, soll das an nur einer Stelle passieren und die Änderungen sollen schnellstmöglich veröffentlicht werden können. Müssten wir das Verhalten an vielen verschiedenen Stellen ändern, dann müssten wir auch viele verschiedene Services veröffentlichen, womöglich sogar gleichzeitig, damit die Änderungen wirksam werden. Änderungen an vielen Stellen vorzunehmen, dauert jedoch länger und viele Services gleichzeitig zu deployen ist riskant. Beides soll man vermeiden. Daher müsste man den für zusammengehöriges Verhalten verantwortlichen Code in Plugins implementieren und diese Plugins an die Services binden, wo sie gebraucht werden. Auf diese Weise können wir den Code nur an einer Stelle ändern und er steht überall zur Verfügung.

Kapitel 3

Microservices-Architektur vs Serviceorientierte Architektur (SOA)

3.1 Einleitung

Es wurde viel darüber diskutiert, was die Unterschiede zwischen der Microservices-Architektur und der Serviceorientierten Architektur (SOA) sind und ob die beiden Architekturen dasselbe Prinzip haben. Zur Konfliktvermeidung sollen zunächst die beiden Begriffe definiert werden. Auf diese Weise wird das Vergleichen einfacher.

Dieses Kapitel definiert die SOA und anschließend kommt man zu der Antwort auf die Frage, was die Microservices-Architektur von der Serviceorientierten Architektur unterscheidet.

3.2 Serviceorientierte Architektur

3.2.1 Definition

Bei der Serviceorientierten Architektur handelt es sich um ein Software-Architekturmuster, bei dem die Systemkomponenten Services anbieten, die von anderen Komponenten bzw. Systemen durch ein bestimmtes Protokoll zu erreichen sind. In einem auf SOA basierten System können die Komponenten zwei mögliche Rollen haben: Services-Anbieter und Service-Consumer. Dabei spricht der Consumer die Services an, um dadurch eine bestimmte Funktionalität auszuführen. Bei dem Consumer kann es sich um einen Browser, eine Komponente von demselben System oder ein fremdes System handeln. Der Services-Anbieter bietet Services an, wobei jeder Service eine bestimmte Funktionalität hat. Der Service kann zum Beispiel durch REST oder RMI angesprochen werden. Wenn eine Anwendung bzw. ein System die Funtionalitäten von einem Service anwenden will, muss

die Anfrage durch ESB (Enterprise Service Bus) erfolgen, wo alle Services zur Verfügung
stehen.

Enterprise Service Bus (ESB) stellt die Services zur Verfügung innerhalb eines
Unternehmensnetzwerks. Durch ESB hat man bei der Serviceorientierten Architektur ein
Single Point of Entry. [1]

Der Entreprise Service Bus, auf dem man sehen kann, dass die unterschiedlichen
Komponenten des Systems dadurch mit den Services kommunizieren bzw. die Services
konsumieren. Single Point of Entry bedeutet hier, dass der Service- Con-sumer nicht alle
hosts von den verschiedenen Instanzen eines Service-Anbieters wissen soll, sondern es gibt
den ESB, wo alle Services zur Verfügung stehen. Der Service-Consumer muss nur
wissen wie er mit dem ESB kommuniziert.

Um den Überblick zu wahren, wird hier eine allgemeine abstrakte Definition von Microservices erwähnt:

*„Mircroservices Architektur dient dazu, komplexe monolithische Systeme so
aufzutei-len, dass die Komplexität geringer wird. Bei der Aufteilung des Systems auf
Microservices sollen bestimmte Konzepte berücksichtigt werden. Beispielweise: Ein
Microservice soll als Unit-Komponente (Frontend, Backend und DB) deployt und
skaliert werden."*

---

[1] https://www.linkedin.com/pulse/esb-3-point-guide-project-managers-jacob-aliet-ondiek/

3.3 Unterschied zwischen Microservices-Architektur und SOA

Beide Architekturmuster ähneln sich mehr als dass sie sich voneinander unterscheiden. Die Unterschiede zwischen den beiden Ansätzen sind jedoch wesentlich, so dass klar ist, dass es sich bei der Microservices-Architektur und der SOA um zwei verschiedene Architekturmuster handelt, die nicht die gleiche Definition haben können.

In diesem Abschnitt wird nicht auf alle Unterschiede eingegangen, sondern lediglich auf die aus meiner Sicht wichtigsten [2, 5].

Heterogenität der Technologien: Die Services können in beiden Ansätzen in unterschiedlichen Programmiersprachen und mit unterschiedlichen Tools entwickelt werden. Eine Aufteilung der Services auf Teams ist möglich, wobei jedes Team einen Service getrennt entwickeln kann.

Das Team muss bei der SOA immer wissen wie sein Service mit den anderen Komponenten kommuniziert. Anders bei der Microservices-Architektur, hier kann jeder Service komplett von den anderen Services entwickelt, deployt und skaliert werden.

Bounded Context: Bei SOA kommt es vor, dass alle Services mit derselben Datenbank [6] kommunizieren oder die Services keine Datenbank haben. Bei der Microservices-Architektur ist dies nicht der Fall, hier hat jeder Microservice eine eigene Datenbank. Ziel ist es das Backend, Frontend und die Datenbank als eine Unit-Komponente zu vereinen.

Kommunikation: Die Kommunikation zwischen den Komponenten geschieht bei SOA durch ESB. Das bedeutet fällt ein Service aus, kann der ESB diesen Service nicht mehr erreichen und weil die Services abhängig voneinander sind, kann das zu Fehlern in dem System führen.

Folge ist, dass alle Anfragen zu diesem Service fehlschlagen. Das ist bei Microservices-Architektur ganz anders. Fällt ein Microservice aus, sind die anderen Microservices nicht betroffen, selbst wenn sie mit dem ausgefallenen Service kommunizieren müssen.

Größe eines Services: Das Präfix „*Micro*" bei der Bezeichnung des Microservices-Architekturmusters bezieht sich auf die Größe der Services. Wie im ersten Kapitel erwähnt wurde sind Microservices nach ihrer Fachlichkeit aufgeteilt, wobei jeder Service eine bestimmte Funktionalität hat, die er ganz gut erledigen kann (*Single Responsibility: Do one thing and do it well*).

Services bei SOA haben meistens mehr Funktionalitäten als bei Microservices und sind dementsprechend größer.

3.4 Zusammenfassung

Welche Architektur besser als die andere ist, kann nicht abschließend entschieden werden. Die richtige Frage muss lauten: welche Architektur passt am besten zu meinen Systemanforderungen?

Aber feststeht, dass die beiden Architekturmuster unterschiedlich sind. Das bedeutet, dass SOA einen ganz anderen Anwendungsbereich als die Microservices- Architektur hat.

Kapitel 4

Musterarchitektur

4.1 Einführung

Das letzte Kapitel widmet sich der Technik. Hierbei werden wir ein kleines Problem konstruieren, bei dem wir anschließend versuchen werden eine auf Microservices-Architektur basierte Lösung zu erstellen. Das Problem ist dabei lediglich als ein Erklärungsbeispiel gedacht und es wird hier nicht behauptet, dass ausschließlich die Microservices-Architektur die passende Lösung für das Problem bietet. Es werden auch weitere Technologien vorgestellt, die man hier zur Problemlösung einsetzen kann. Als zusätzliche Erklärungshilfe kommen einige Diagramme zum Einsatz.

4.2 Problemstellung

Die FOM möchte ein System einführen, durch das die Professoren ihre Prüfungen verwalten können. Ein Professor soll in der Lage sein, null oder mehrere Prüfungsobjekte anzulegen, zu bearbeiten oder zu löschen. Zu einer Prüfung können sich null oder mehrere Studenten anmelden.

4.3 Architektur

Wir beginnen mit dem UML-Klassendiagramm, um die Datenbank-Objekte zu definieren und zur Festlegung das Zusammenspiels zwischen diesen Objekten.

4.3.1 Klassendiagramm

Das Problem wird wie folgt modelliert:

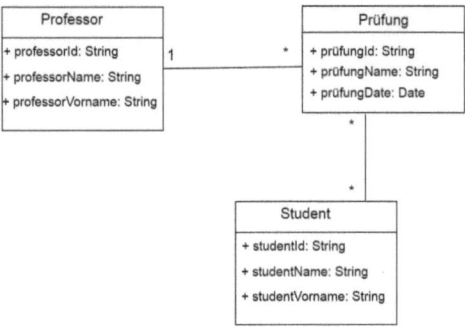

Abbildung 4.1: Klassendiagramm

Dieses Diagramm verfügt über drei Klassen: Professor, Prüfung und Student. Ein Professor kann entweder null oder mehrere Prüfungen verwalten. Ein Student kann sich zu null oder mehreren Prüfungen anmelden.

4.4 Aufteilung auf Microservices

Unser System wird nach der Fachlichkeit auf Microservices aufgeteilt. So erhalten wir drei unabhängig voneinander laufende Microservices: Professoren- Microservice, Prüfungs-Microservice und Studenten-Microservice. Diese drei Microservices können in Java mit Spring gebaut werden, wobei jeder Service einen eigenen Bounded-Context sowie eine eigene Datenbank und UI haben soll.

Ein Best-Practice ist, dass eine Veröffentlichung der Datenbank-Entities nach außen nicht möglich ist. Ein Objekt soll clientseitig landen wie der Client es braucht, dazu gibt es eine Regel, die darauf hinweist. Der Professor ist dabei aber als String in dem Prüfungsobjekt eingesetzt (1-* Beziehung) und das soll nicht zum Frontend als String, sondern als Professor-Objekt gesendet werden. Daher müssen wir an dieser Stelle ein Prüfungsobjekt implementieren, das sich der Frontend-Spezifikation anpasst, d.h mit dem Professor-Attribut von Typ Professor-Objekt. Dieses Objekt kann von mehreren Microservices eingesetzt werden, es ist daher nicht optimal, das gleiche Objekt bei allen Microservices zu implementieren, da sonst jede Änderung dieses Objekts überall angepasst werden müsste. Die passende Lösung dafür wäre, dass wir dieses Objekt in einer getrennten Komponente implementieren (Shared Kernel) und diese Komponente in den Microservices aufrufen, die dieses Objekt benötigen.

Damit dieses Objekt immer auf dem aktuellsten Stand bleibt, muss jeder Commit auf dem Server bzw. jede Änderung in alle Microservices integriert werden. Dies ist durch Jenkins möglich, wobei es sich um ein Build-Management-Tool handelt, das für die Continuous Integration verwendet wird.

Somit haben wir unsere Java-Komponenten mit Hilfe von Spring gebaut und unser Shared- Kernel durch Jenkins verbunden. Jetzt sollen die Microservices miteinander kommunizieren (erstmal sychron durch REST). Bei jedem Schritt müssen wir immer daran denken, dass jeder Microservice in sich ein lauffähiger Prozess ist und von keinem anderen Microservice abhängig ist.

Um die Kommunikation zwischen den Microservices zu ermöglichen, muss ein Microservice A die URL bzw. die Adresse der am wenigsten belasteten Instanz des Target-Microservices wissen. Als eine optimale Lösung dafür bietet sich an, einen Services-Registry zu implementieren, worauf sich alle Instanzen von jedem Microservice unter demselben Namen (aber mit verschiedenen Adressen) anmelden.

Einen Load-Balancer zu implementieren und diesen Load-Balancer auf der Registry melden zu lassen ist der nächste Schritt. Der Load-Balancer wird bei jeder Anfrage die Services aus der Registry anhand ihrer Namen (und nicht ihrer Adressen) filtern. Diese Filtermethode liefert eine Liste von Adressen zurück, die die Instanzen des Target-Microservices repräsentieren. Auf Basis von dieser Liste leitet der Load-Balancer die Anfrage zu der am wenigsten belasteten Instanz weiter.

Nun eine ganz wichtige Frage: Was soll passieren, wenn der Load-Balancer einen Service auf der Registry nicht findet? Eine optimale Lösung wäre es eine Fallback-Methode zu implementieren, die beim Ausfall eines Microservices aufgerufen wird. Diese Methode soll verhindern, dass die Anfrage verloren geht. Anschließend schickt sie die Anfrage zu der entsprechenden Queue auf dem Broker. Das bedeutet, dass wir genau an diesem Punkt mit Hilfe der Fallback-Methode zur asynchronen Kommunikation wechseln. Der Service, zu dem die Anfrage geschickt wurde, wird beim Neudeployen den Broker bzw. die Queue checken und die entsprechende Operation ausführen, falls es eine gibt.

So viel zur Theorie sollte ausreichen. Nunmehr werden wir uns der Implementierung widmen mit Hilfe von Java bzw. welche Frameworks man anwenden kann, um diese Architektur zu realisieren.

Es wurde schon erwähnt, dass unsere Microservices in Java durch Spring implementiert werden sollten, da Spring uns jede Menge Arbeit abnimmt. Netflix hat in diesem Zusammenhang Java Bibliotheken implementiert, die dabei helfen, ein Microservices-System aufzubauen. Neftlix-Eureka kann für die Services-Registry angewendet werden. Den Load-Balancer kann man durch Netflix-Ribbon implementieren. Für die Fallback-Methoden kann Netflix-Hystrix eingesetzt werden. Für die Kommunikation kommt REST zum Einsatz und die asynchrone Kommunikation wird durch Apache ActiveMQ und JMS (Java Message Service) gesichert.

4.5 Zusammenfassung

In diesem Kapitel wurde die Microservices-Architektur mit ein paar technischen Details erklärt. Es wurden nicht alle Bereiche abgedeckt aber die aus meiner Sicht wichtigsten.

Literaturverzeichnis

[1] Martin Fowler. Microservices. https://martinfowler.com/articles/microservices.html, besucht am 22.07.2019.

[2] Sam Newman. *Microservices Konzeption und Design.* 2015.

[3] Martin Fowler. Microservices. https://www.martinfowler.com/articles/microservice-trade-offs.htmlboundaries, besucht am 22.07.2019.

[4] Tiempo Development. Microservices Disadvantages Advantages – Tiempo Development kernel description, 2019.

[5] Eberhard Wolff. *Microservices: Grundlagen flexibler Softwarearchitekturen.* 2017.

[6] Shub Lahiri. Remounting dbfs shared storage in soacs and mftcs clusters. http://www.ateam-oracle.com/remounting-dbfs-shared-storage-in-soacs-and-mftcs-clusters/, besucht am 11.04.2018.

BEI GRIN MACHT SICH IHR
WISSEN BEZAHLT

- Wir veröffentlichen Ihre Hausarbeit,
  Bachelor- und Masterarbeit

- Ihr eigenes eBook und Buch -
  weltweit in allen wichtigen Shops

- Verdienen Sie an jedem Verkauf

Jetzt bei www.GRIN.com hochladen
und kostenlos publizieren